Silke Kobold

Tiere im Kreuzstich

Frech-Verlag Stuttgart

Im Frech-Verlag sind zahlreiche andere Bücher zum Thema „Textiles Werken“ erschienen. Hier eine Auswahl:

Sylvia Regert
Gestickte Miniaturen
Die erfahrene Autorin zeigt, wie sich mit verschiedenen Stichen (z.B. Knötchen-, Spann-, Ketten- oder Schlingstich) bezaubernde Miniaturen sticken lassen. Dekoriert mit Perlen, Steinchen, Sternchen etc. und dem passenden Rahmen entstehen kleine Kunstwerke.
48 S., Abb., Vorlagenbg.
TOPP 1732 PG 04
ISBN 3-7724-1732-9

Christa Wittke
Tiere gestrickt als Handspielpuppen
Der Erfolg ihres Buches „Gestrickte Handspielpuppen“ ermunterte die Autorin, sich nun den Tieren zuzuwenden.
Die Farbfotos sind so reizend, die Anleitung so gut, daß der Leser sich bald einen Handspiel-Zoo schaffen wird.
48 S., 26 Farb., 19 Zeichn.
TOPP 863 PG 03
ISBN 3-7724-0617-3

Thekla Gombert
Schwälmer Weißstickerei
So genannt nach einem Landstrich in Hessen, wo sie heute noch als Volkskunst gepflegt wird. Die Muster sind abwechslungsreich und anmutig. Typisch ist das Herz mit Blume, vorwiegend mit Tulpe, verbunden mit Ranken und Blättern. Gestickt wird auf Leinen.
48 S., 31 Abb. in Farbe
TOPP 774 PG 03
ISBN 3-7724-0516-9

Stand 1993

Fotos: Frech-Verlag GmbH + Co. Druck KG, D-70499 Stuttgart;
Fotostudio Ullrich & Co., Renningen 2

Auflage: 6. 5. 4. 3. 2. 1. | Letzte Zahlen
Jahr: 1997 96 95 94 93 | maßgebend

ISBN 3-7724-1713-2 · Best.-Nr. 1713

frech-verlag GmbH + Co. Druck KG, D-70499 Stuttgart
Druck: Frech-Verlag GmbH + Co. Druck KG, D-70499 Stuttgart

Verschenken Sie auch gern Selbstgemachtes? Dann finden Sie in diesem Stickbuch sicher hübsche Anregungen, die als kleines Mitbringsel Freude bereiten – wenn Sie sich überhaupt davon trennen können!
Alle Tiermotive dieses Buches sind in wenigen Stunden nachzuarbeiten. Im Rahmen, auf Glückwunschkarten, als Lesezeichen oder als Verzierung von Kissen, Duftsäckchen und Tischsets sind sie vielfältig einsetzbar… das klappt auch noch am Vorabend der Geburtstagseinladung!
Wenn Sie mit Ihrer Stickerei anderen eine Freude machen wollen, dann denken Sie ruhig auch an die Vorlieben der Beschenkten – die schnurrende Mieze für den Katzenfreund, den grauen Koloß für den Elefantensammler, die Eule für die Leseratte…

Viel Spaß!

Silke Kobold

Allgemeine Anleitung

Alle Motive dieses Buches sind mit Kreuzstich auf Schülertuch gestickt. Dementsprechend wurde sehr dünnes Stickgarn verwendet.
Die Größenangaben der Stoffstücke beziehen sich auf die Arbeit mit Schülertuch. Falls Sie gröber gewebten Stoff und dickeres Stickgarn verwenden, sollten Sie bedenken, daß sich die Motive dadurch vergrößern und Sie andere Rahmen und Passepartouts als angegeben benötigen. Sie können auch geteilte Sticktwistfäden verarbeiten.

Bei den Tiermotiven ist in aller Regel kein Stickrahmen erforderlich, da sie sehr klein sind und kaum Gefahr besteht, daß sich der Stoff beim Sticken zusammenzieht.
Alle Stiche eines Bildes sollten nach Möglichkeit zur gleichen Seite ausgerichtet sein, dadurch ergibt sich ein einheitlicher Gesamteindruck der Fläche.
Die bestickten Stoffstücke müssen Sie, bevor sie gerahmt oder anderweitig verwendet werden, vorsichtig mit dem Bügeleisen auf kleiner Stufe unter einem Tuch dämpfen.

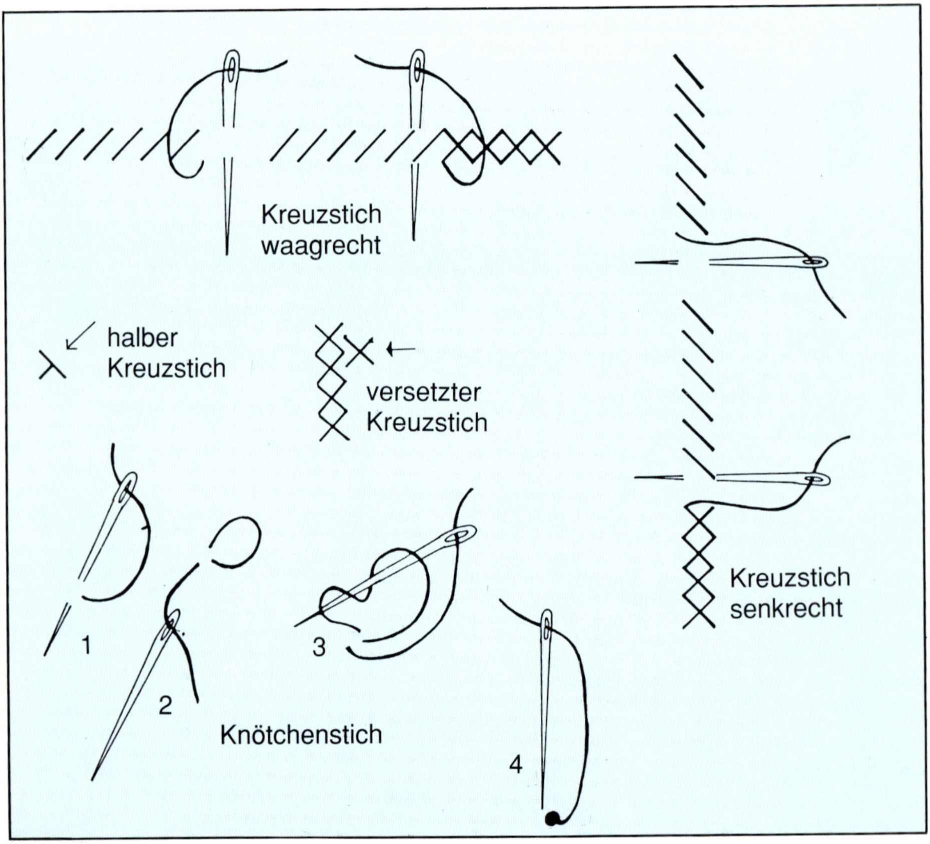

Zeichenerklärung

o	weiß
θ	blaßgelb
•	gelb
●	goldgelb
■	rot-orange
◘	rot
+	hellgrün
▲	grün
▽	türkis-grün
⌂	olivgrün/dunkel
S	hellblau
8	mittelblau
∩	rosa
◓	rosa/dunkel
◊	hellgrau
♦	grau
ᔕ	beige
U	hellbraun
Λ	braun/dunkel
△	rot-braun
x	schwarz
—	schwarze Kontur
x°	schwarzes Kreuz mit einem weißen Faden in der Ecke überdeckt
⋮	weiße Kontur
ℓ	Knötchen (s. Beschreibung)
✳	diagonal und senkrecht/waagrecht gesticktes Kreuz
↗	halbes Kreuz, Pfeil zeigt auf die freigelassene Hälfte (s. Beschreibung)
➚	versetztes Kreuz (s. Beschreibung)

Die angegebenen Rahmenmaße beziehen sich immer auf die innere Fläche – Sie werden im Fachhandel sicherlich Rahmen unterschiedlicher Stärke finden.

Majestäten

Stoff: 9 cm x 9 cm
Rahmen: 6,5 cm x 6,5 cm

Obwohl man diesen Tieren in der freien Wildbahn eigentlich nicht begegnen möchte, sind sie bei groß und klein doch recht beliebt, faszinieren durch ihre geschmeidigen Bewegungen und ihr majestätisches Auftreten. Wenn Sie beide Wildkatzen gemeinsam verschenken, sollten Sie sie im gleichen Goldgelb arbeiten.

Katz und Maus

Stoff: 8 cm x 8 cm
Rahmen: 5,5 cm x 5,5 cm

Gegensätzlicher kann ein Paar zwar kaum sein – aber sie passen zusammen! Für Katzenfreunde eine hübsche Geschenkidee, auch auf Glückwunschkarten!

Meister Reineke

Stoff: 11 cm x 9 cm
Rahmen (oval): 11,5 cm x 8 cm

Listig soll er sein, der Meister Reineke. Das muß er wohl auch, denn sonst würde es ihm kaum gelingen, sich trotz der allmählichen Einengung seines Lebensraumes noch zu behaupten.

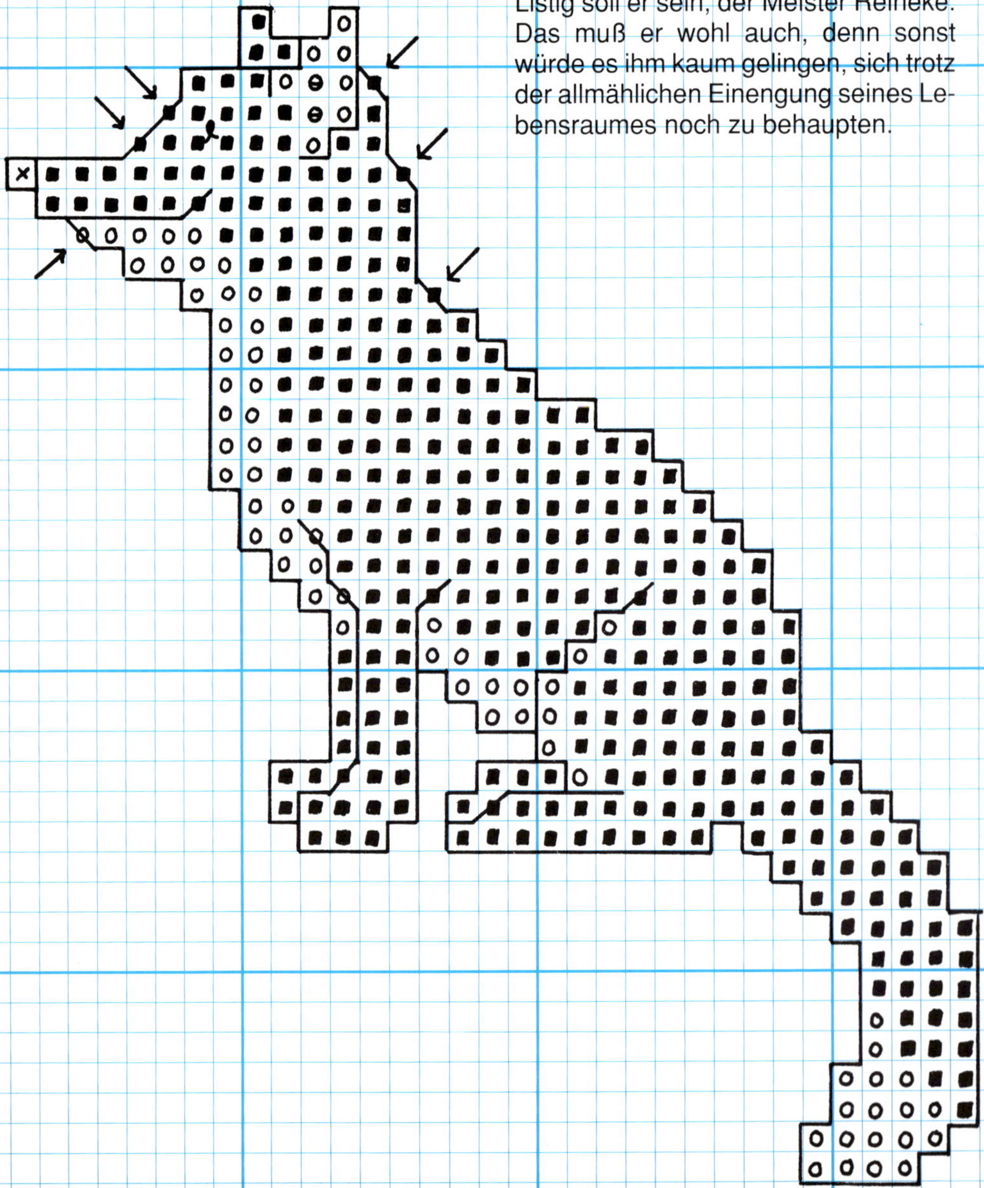

Für Weise

Stoff: 7 cm x 9 cm Rahmen: 5 cm x 7 cm Passepartout-Ausschnitt: Ø 5 cm

Die Eule gilt als Symbol für Weisheit – ein Kompliment für denjenigen, dem Sie Ihre Stickarbeit schenken!
An der Abbildung auf Seite 11 erkennen Sie, daß es sich lohnt, auch einmal unkonventionell mit Farben umzugehen: Die Farbwahl des Garnes wurde passend zu den Passepartoutkarten getroffen.

Deutsche Bundespost
100

Versuchen Sie Ihr Glück!

Beide Schafe:
Stoff: 8 cm x 8 cm
Rahmen: 5,5 cm x 5,5 cm

Schwein:
Stoff: 8 cm x 8 cm
Rahmen: 6 cm x 6 cm

Bei den Schäfchen könnten Sie noch Mond und Sterne dazusticken, fertig ist die Verzierung für ein Gute-Nacht-Kuschelkissen.

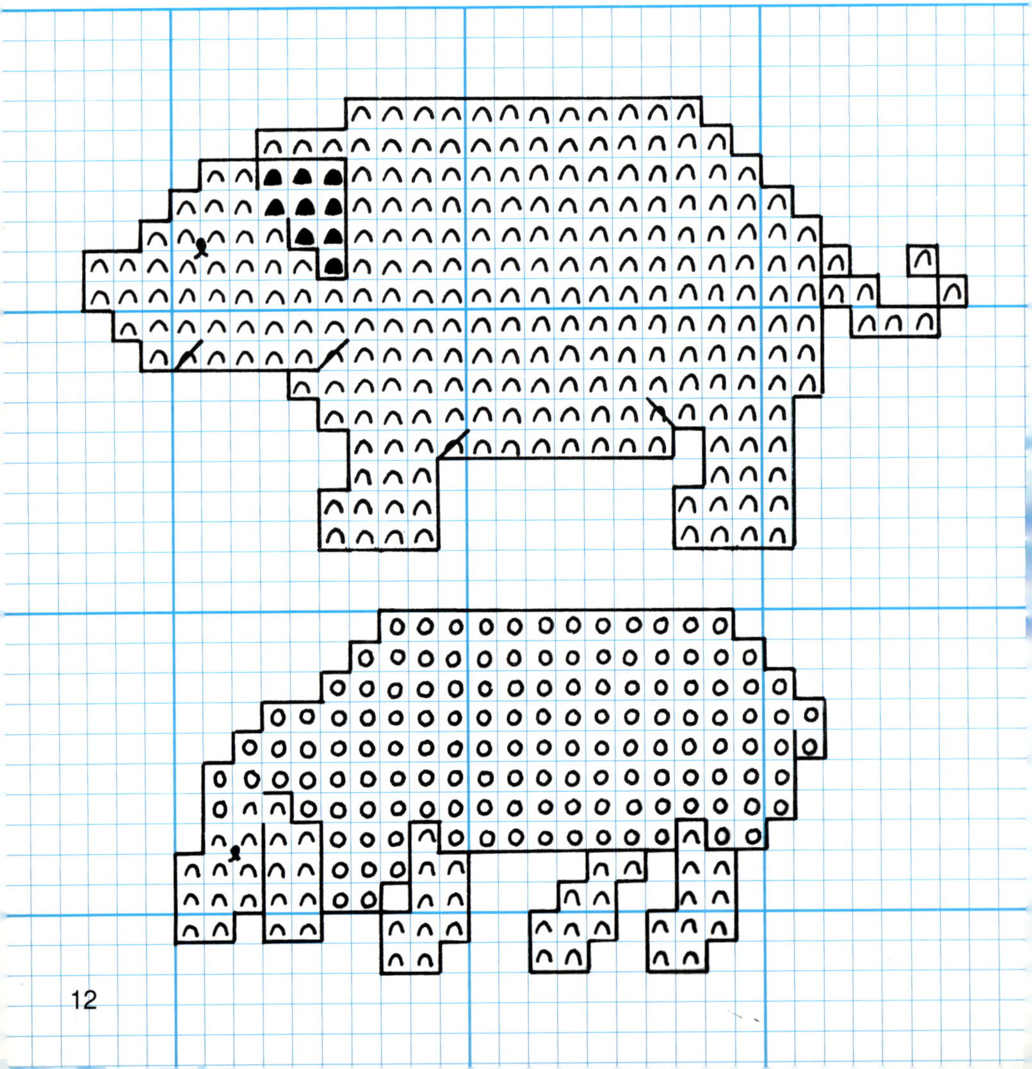

Schaf
8 x 8 cm
Stoff
6 x 6 cm
Rahmen

Zwei Dickhäuter

Stoff: 8 cm x 8 cm Rahmen: 6 cm x 6 cm

Vor allem Elefanten sind beliebte Sammlermotive, die durch diese Stickerei ergänzt werden können. Versuchen Sie ruhig auch einmal andere Farbkombinationen!

Ich zeig Dir die Zähne!

Stoff: 8 cm x 8 cm Rahmen: 6 cm x 6 cm	

Das Krokodil ist nicht gerade ein Schmusetier und jagt uns in natura im allgemeinen Angst ein. Trotzdem ist dieses Motiv bei Kindern sehr beliebt – und ganz so beängstigend sieht es ja auf diesem Bild auch nicht aus!

Guten Morgen!

Das Platzdeckchen wird zuerst im Abstand von 4 cm zum Außenrand ringsherum mit Kreuzstichen eingefaßt. Dann werden die Kanten umgeschlagen und mit feinen Stichen farblich zum Stoff passend gesäumt.
Einzelne Kreuzstich-Linien als Gras und kleine, weiße Blümchen ergänzen Sie am besten erst, nachdem Sie das Schnattervieh aufgestickt haben.

Die Außenkanten der Serviette versäubern Sie mit Hohlsaumstich oder mit Kreuzstichen (Abstand zum Rand ca. 2 cm). Etwa 12 Fäden werden dann entfernt.
Übrigens: Im Fachhandel gibt es auch fertige Sets und Servietten zu kaufen.

Fröhliches Geschnattere

Gans im Rahmen
Stoff: 12 cm x 9 cm
Rahmen: 10,5 cm x 8 cm

Gans auf Karte
Stoff: 9 cm x 9 cm

Das Federvieh, das Sie auf den Seiten 16/17 als Dekoration eines Tischsets wiederfinden, sehen Sie hier nochmals im Rahmen und auf einer Passepartoutkarte. Es gibt unzählige Gänse-Sammler...

Aus dem Meer

Stoff: 11 cm x 11 cm Rahmen: Ø 9 cm

Delphin und Wal sind bezaubernde Geschöpfe, die nicht nur bei Kindern hoch im Kurs stehen. Auf Seite 24 finden Sie Hinweise, was Sie bei einem Kissen mit Namenszug berücksichtigen müssen.

Meeresblick

Stoff: 11 cm x 11 cm
Rahmen: Ø 9 cm

Einen Blick in die Tiefe der Meere erlaubt diese kleine Stickerei – vielleicht eine hübsche Erinnerung an schöne Urlaubswochen?

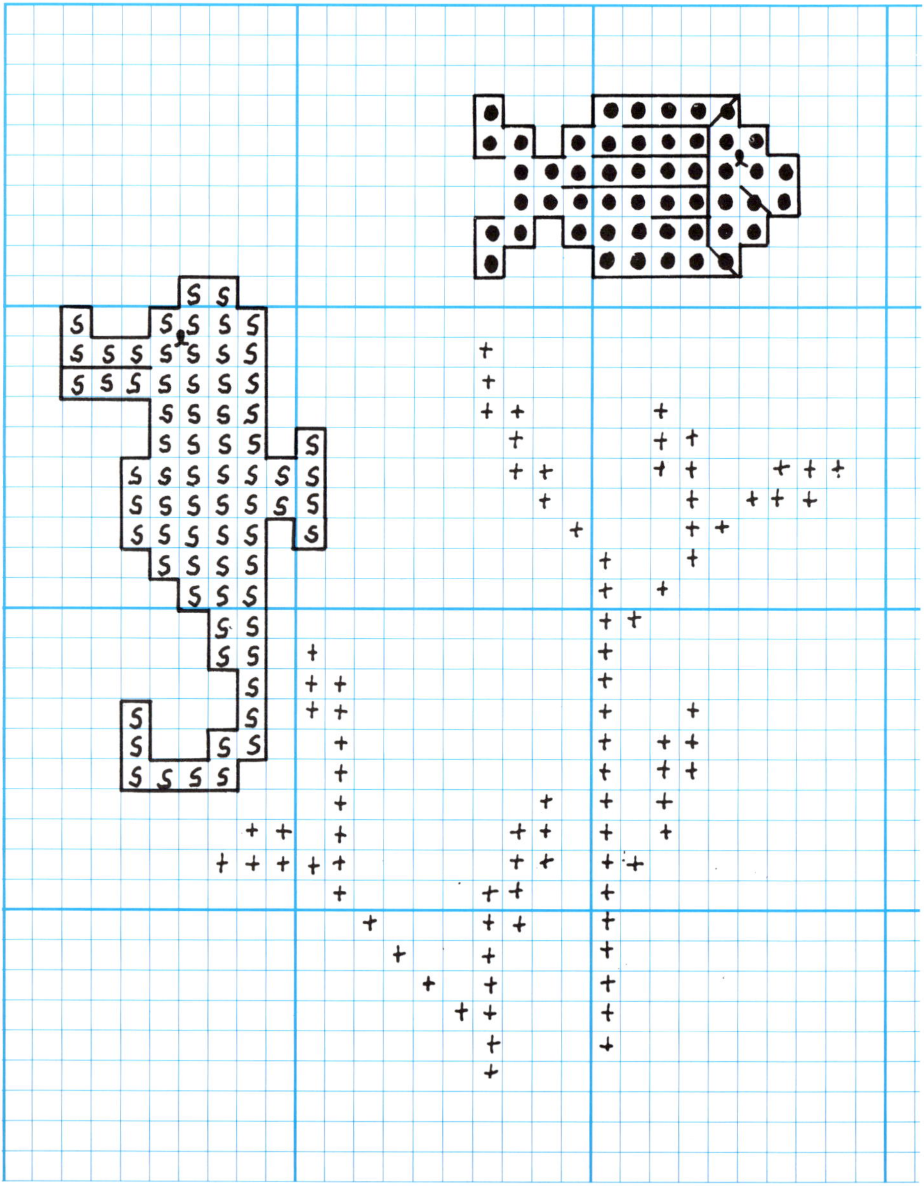

Im schwarzen Frack
Vorlagen siehe S. 26, 31 und 32

Stoff: 8 cm x 8 cm
Rahmen: 6 cm x 6 cm

Diese tolpatschigen Gesellen sind bei Kindern besonders beliebt – wenn dann noch mit dem eigenen Namen ergänzt wird, dann ist alles klar: Das wird das Lieblings-Kuschelkissen!
Die Breite der Kissenbordüre sollten Sie nach Belieben wählen, rechnen Sie den Stoff aber prinzipiell großzügig ein.
Zuerst wird mit einem Faden die senkrechte Mitte markiert. Bei ungerader Buchstabenzahl sitzt hier der mittlere Buchstabe; bei gerader Zahl stoßen die beiden mittleren Buchstaben links und rechts an die Senkrechte an.
Wenn Ihre Stickarbeit beendet ist, wird die Bordüre – eventuell zusammen mit Spitze – auf das Kissen genäht, und zwar bevor Sie die Seitennähte schließen.

Im schwarzen Frack
Seiten 24/25

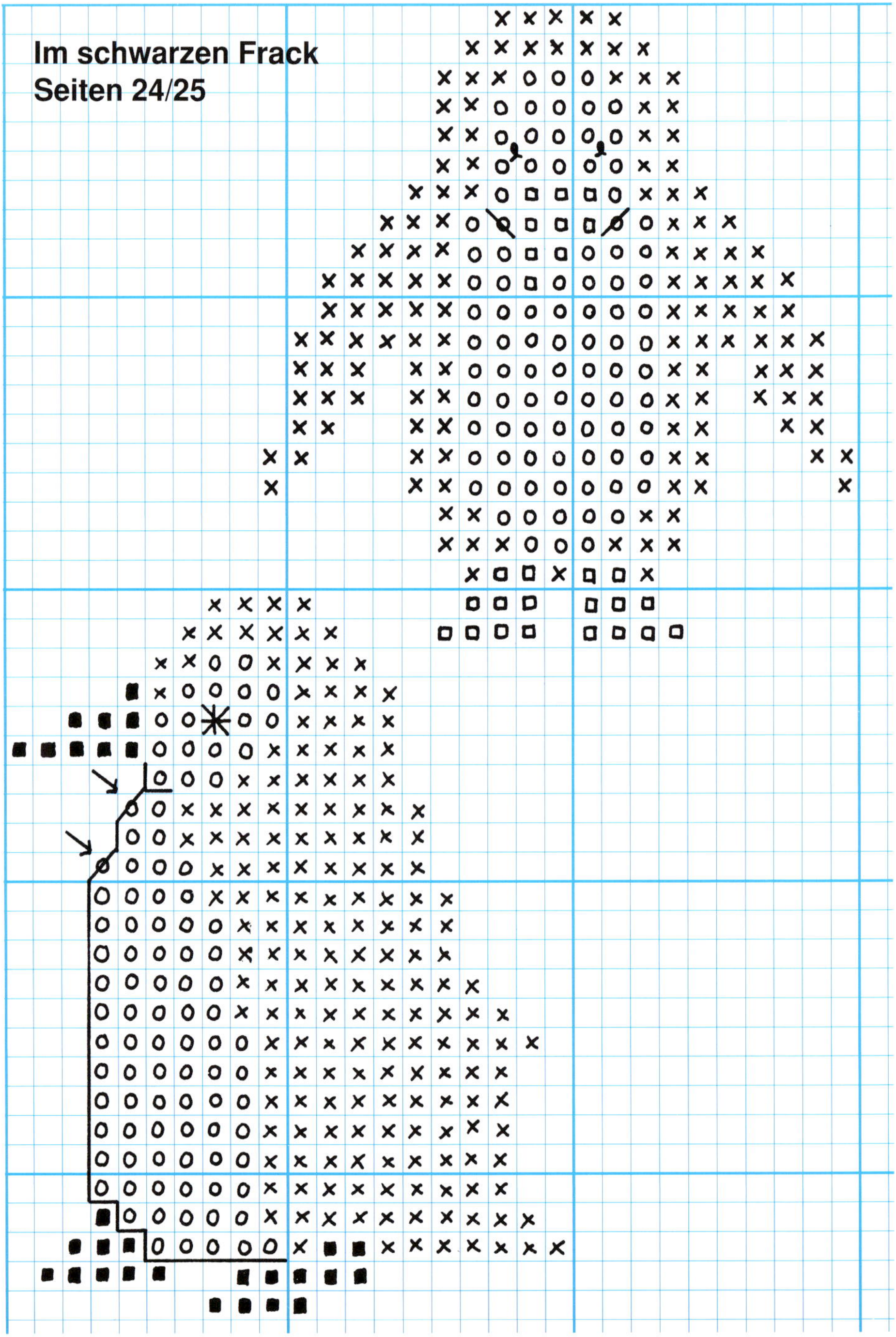

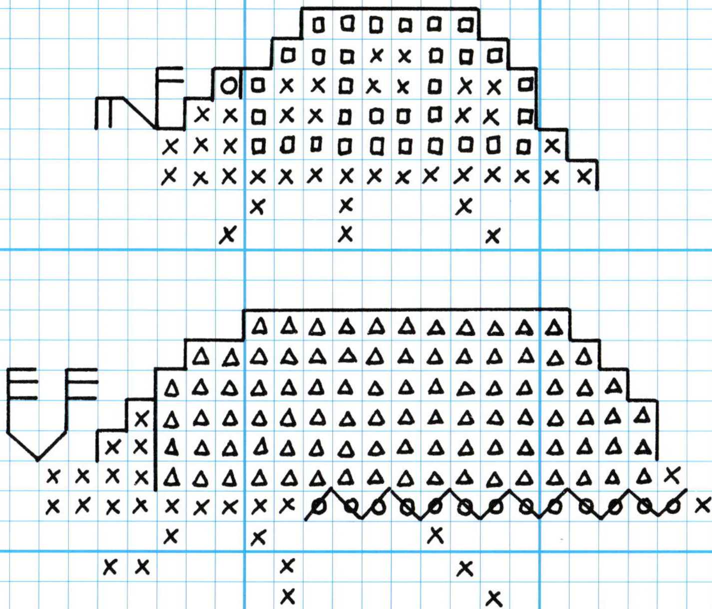

Glückskäfer, Seiten 28/29

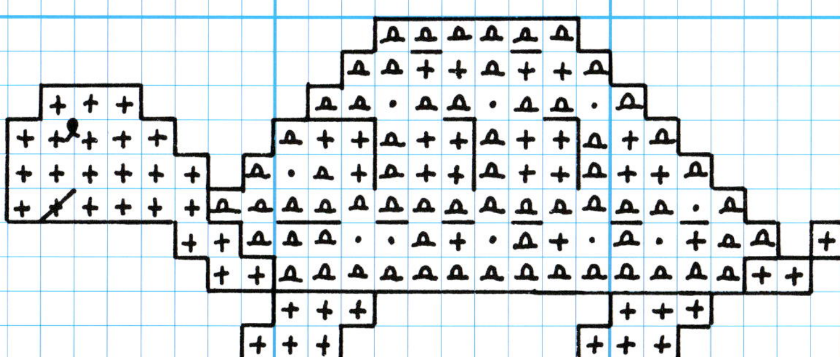

Nur keine Eile, Seite 30

Glückskäfer

Vorlagen siehe S. 27

Marienkäfer
Stoff: 6 cm x 6 cm
Passepartout-Ausschnitt:
5 cm x 5 cm

Maikäfer
Stoff: 7 cm x 7 cm
Rahmen: 5 cm x 5 cm

Die beiden kleinen Glückskäfer sind sehr schnell fertigzustellen und eignen sich gut für Karten. Sie sehen aber auch hübsch auf Stoffbeutelchen aus, in denen Sie Kräuter, Potpourri oder ein Stück Seife verschenken können.

Maikäfer
Stoff 7 x 7 cm
Rahmen 5 x 5 cm

Nur keine Eile

Vorlagen siehe S. 27

Stoff: 8 cm x 8 cm Rahmen: 5,5 x 5,5 cm

Die Schildkröte ist ein Symbol für Weisheit und Bedachtsamkeit. Kinder lieben sie vor allem, weil sie sich auf so faszinierende Art und Weise selbst schützen können.

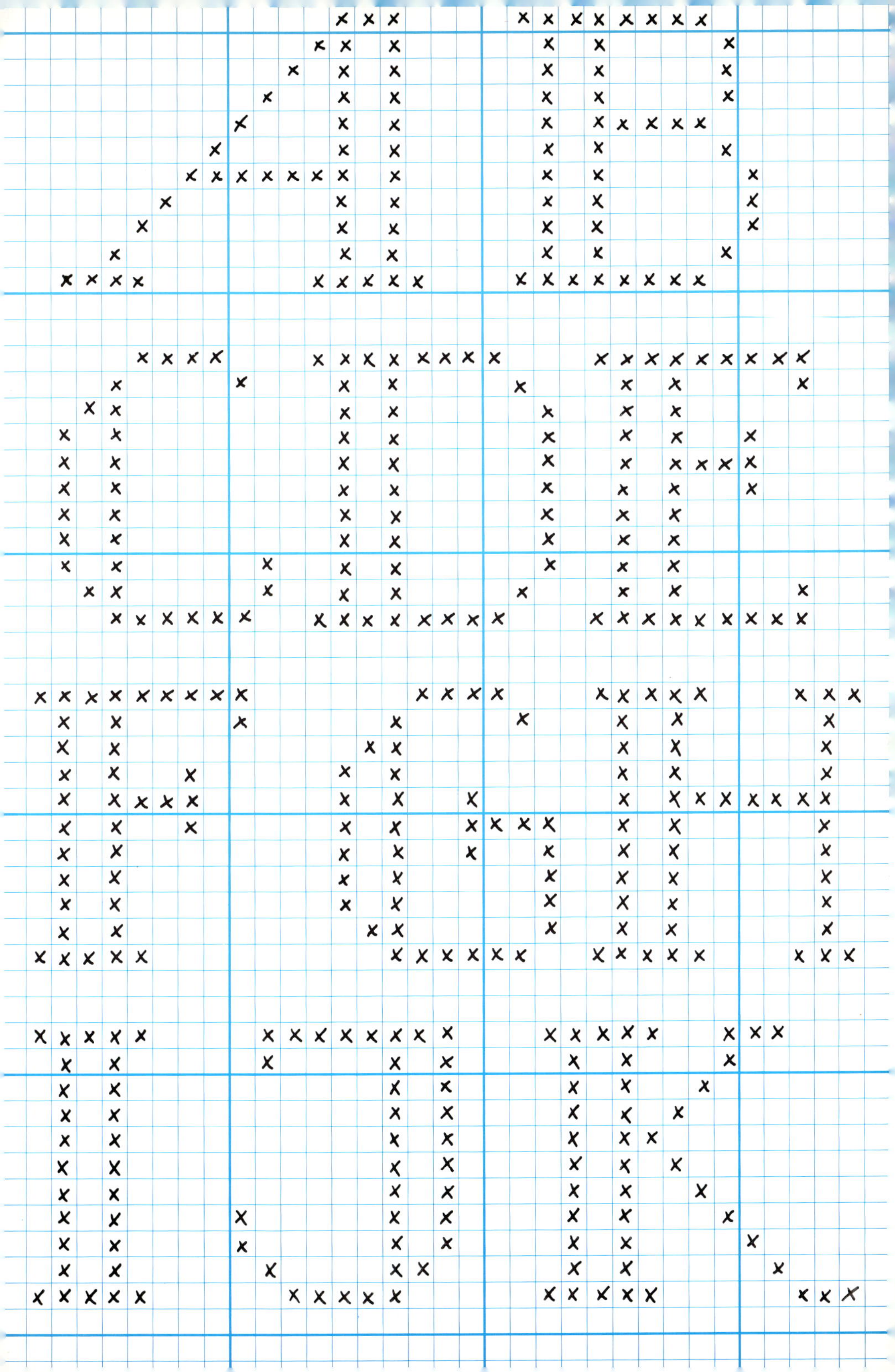

Fortsetzung
siehe
Vorlagenbogen